ANALISI DEL LIBRO

AF126487

Il vecchio che leggeva romanzi d'amore

· · · · · · · · · · · · · · ·

LUIS SEPULVEDA

ANALISI DEL LIBRO

Scritto da Sarah Leo
Tradotto da Sara Rossi

Il vecchio che leggeva romanzi d'amore

LUIS SEPULVEDA

LUIS SEPÚLVEDA

SCRITTORE CILENO

- **Luogo e data di nascita: Ovalle (Cile), 1949.**
- **Opere principali:**
  - *Il mondo alla fine del mondo* (1991), romanzo
  - *Il vecchio che leggeva romanzi rosa* (1992), romanzo
  - *Storia di un gabbiano e del gatto che le insegnò a volare* (1996), racconto

Nato nel 1949 in Cile, Luis Sepúlveda è uno scrittore impegnato. Fin da giovane si oppose al regime di Pinochet (1915-2006), che lo portò all'incarcerazione e all'esilio. In seguito, ha viaggiato in Sud America e ha trascorso un anno con gli indiani Shuar per studiare l'impatto della colonizzazione su questa popolazione. Le sue opere, in particolare *"Il mondo alla fine del mondo"* e *"Il vecchio che leggeva romanzi d'amore"*, sono in gran parte in linea con il suo impegno politico ed ecologico.

Luis Sepúlveda vive oggi in Spagna e lavora per la Federazione internazionale per i diritti umani.

IL VECCHIO CHE LEGGEVA ROMANZI D'AMORE

UN ROMANZO IMPEGNATO

- **Genere:** romanzo
- **Edizione di riferimento:** *Le Vieux qui lisait des romans d'amour*, traduzione dallo spagnolo di François Maspero, Paris, Métailié, 1992, 140 p.
- **Prima edizione:** 1992
- **Temi:** lettura, natura, predatore, morte, cultura straniera

Pubblicato nel 1992, *"Il vecchio che leggeva romanzi d'amore"* è il primo romanzo di Luis Sepúlveda, per il quale ha ricevuto due premi, il premio France Culture per stranieri e il premio Relais du roman d'évasion. Tradotto in 35 lingue, è un bestseller.

L'opera racconta la storia di Antonio José Bolivar Proaño che insegue un felino che, da grande conoscitore della foresta amazzonica, sa essere responsabile della morte di molti uomini. Il romanzo è anche un inno alla lettura.

SINTESI

"Il vecchio che leggeva romanzi d'amore" intreccia presente e passato, mostrando così un importante lavoro sul tempo. Nella sintesi abbiamo scelto di non seguire questa cronologia.

Antonio José Bolívar Proaño trascorse la sua infanzia a San Luis (Argentina). Lì conobbe sua moglie, Dolores. Si fidanzarono all'età di 13 anni e si sposarono due anni dopo. Purtroppo, non ebbero figli. Decisero di trasferirsi a El Idilio, un piccolo villaggio nella foresta amazzonica, per cambiare vita. Lì, il loro status di coloni fu ufficializzato dal piano di occupazione dell'Amazzonia dove costruirono una capanna.

Due anni dopo, Dolores morì di malaria. Adirato, Antonio sognava di vendicarsi dell'Amazzonia, ma iniziò ad apprezzare la libertà di questa regione dove conobbe la sfortuna. Imparò anche la lingua degli indiani Shuar e diventò uno di loro dopo che uno stregone lo guarì dal morso mortale di un rettile, a cui pochi sopravvivono.

Un giorno, cinque stranieri si lasciarono prendere dal panico per l'arrivo degli Shuar e spararono a due indigeni prima di fuggire. Uno di loro morì sul posto, mentre il migliore amico di Antonio, Nushiño, fu gravemente ferito. Per vendicarli, Bolívar inseguì l'uomo bianco e lo uccise con il suo fucile, il che lo portò a essere bandito dalla tribù per non aver giustiziato l'uomo con un dardo di cerbottana avvelenato, come era consuetudine.

Qualche tempo dopo il ritorno di Bolívar al villaggio, due funzionari del governo si candidarono alle elezioni presidenziali. Solo le persone in grado di leggere erano chiamate a votare. Antonio fece una scoperta importante: sapeva leggere. Quando arrivò la stagione delle piogge, Bolívar si sentì solo per la prima volta in vita sua, così si recò a El Dorado, dove Rubicondo Loachamín, un dentista che protestava, lo presentò al maestro di scuola, che possedeva una biblioteca. Per cinque mesi, sfogliò ogni tipo di storia e scoprì il suo gusto per i romanzi rosa. In seguito, Loachamín, che visitava il remoto villaggio due volte l'anno a bordo della nave *Le Sucre*, lo rifornirà di libri a ogni visita.

Antonio menzionò una volta la visita di quattro americani. Il sindaco si riferì a Bolívar come "il miglior conoscitore dell'Amazzonia" (p. 80), ma dopo averli incontrati, Bolívar disse di non voler avere a che fare con persone irrispettose. Il sindaco si arrabbiò. Raccomandò altre persone agli stranieri e decise di espellere Bolívar. Una settimana dopo, tre dei quattro stranieri tornarono: uno di loro venne ucciso. Il sindaco offrì la sua amicizia a Bolívar e gli chiese di riportare il cadavere. Bolívar lo fece senza difficoltà e poi tornò alla pace e alla sua passione, la lettura.

Poco dopo, sulla banchina del porto, gli abitanti sedevano a turno sulla poltrona mobile del dentista. Proprio mentre l'equipaggio de *La Sucre* era pronto a salpare, alcuni indiani Shuar arrivarono in piroga e annunciarono che un gringo (un americano) era stato trovato morto, notizia che rimandò la partenza dell'equipaggio e del medico.

Appena arrivato al molo, il sindaco accusò gli Shuar, che definì "selvaggi" (p. 24), di aver ucciso l'americano con un machete. Gli Shuar si difesero e Bolívar li appoggiò: dopo aver esaminato il cadavere, Bolívar concluse che a uccidere l'uomo era stato un animale adulto, più precisamente una femmina di ocelot (un felino selvatico americano). Il sindaco non volle ascoltare e Bolívar sostenne che lo straniero aveva probabilmente ucciso il giovane e ferito il maschio, dopodiché la femmina si era certamente vendicata. Avvertì il sindaco che "un gattopardo impazzito per il dolore è più pericoloso di venti assassini messi insieme" (p. 28). Successivamente, venne segnalato un altro decesso. Questa volta il sindaco credette a Bolívar e tutto il villaggio iniziò a temere l'animale. Il sindaco ordinò, quindi, a Bolívar di preparare una spedizione per il giorno successivo per uccidere il feroce predatore.

Il primo giorno della spedizione, a metà pomeriggio, le nuvole iniziarono a oscurare la foresta: Bolívar e il sindaco decisero di fermarsi. Il secondo giorno arrivarono al banco di Miranda, anch'essa uccisa dalla bestia. Intuitivamente, il vecchio spiegò agli altri cosa doveva essere successo. La sera Antonio lesse, cosa che incuriosisce uno dei compagni. I suoi compagni si svegliarono tutti, compreso il sindaco, e gli chiesero di leggere ad alta voce. Mentre condividevano le loro impressioni, il vecchio li avvertì della presenza della bestia, che scappò via. Perdendo la pazienza, il sindaco chiese a Bolívar di agire da solo e lui accettò. Quando trovò il felino, il vecchio finse di scappare e la femmina lo mise a terra senza aggredirlo. Purtroppo, gli mostrò il maschio morente: Bolívar pose fine alle sue sofferenze, come desiderava il gattopardo e se ne andò.

Mentre dormiva sotto una canoa rovesciata, Bolívar sognò una bestia che si trasformava. Lo stregone Shuar gli disse che si trattava della morte e che avrebbe dovuto scacciare l'animale del sogno che si trovava sopra la canoa. Il vecchio si svegliò e vide che il gattopardo era lì, sopra di lui. Quando Bolívar uscì dalla canoa, l'animale lo attaccò. Al culmine del salto del felino, l'uomo sferrò un colpo mortale.

STUDIO DEI PERSONAGGI

ANTONIO JOSÉ BOLÍVAR PROAÑO

Antonio José Bolívar Proaño è il protagonista del romanzo. È un vecchio delle montagne, dall'aspetto nervoso, la cui età è un mistero. A El Idilio vive da solo in una minuscola capanna di bambù dove passa il tempo a leggere.

Su una parete c'era una fotografia artistica di lui e della sua defunta moglie, Dolores Encarnación del Santísimo Estupiñán Otavalo, conosciuta quando erano bambini a San Luis. Per loro grande disperazione, Dolores non riuscì a partorire e, visto il crescere dei pettegolezzi, la coppia decise di cambiare casa. Dopo settimane di viaggio, arrivarono a El Idilio dove furono offerti loro due ettari di foresta come coloni. Purtroppo, due anni dopo, Dolores fu uccisa dalla malaria.

In seguito a questo evento, Bolívar inseguì un sogno, quello di vendicarsi di questa "regione maledetta" (p. 41) che era l'Amazzonia, ma iniziò a frequentare gli Shuar, imparò la loro lingua e finì per amare "questi spazi senza limiti e senza padroni" (*id.*) che lo facevano sentire libero. Gli indiani gli insegnarono la vita nella foresta amazzonica e le loro usanze:

> *"La vita nella foresta aveva impregnato ogni centimetro del suo corpo. [La sua conoscenza della foresta era pari a quella di uno Shuar. [...] Poteva seguire una pista come uno Shuar, ma non era uno Shuar. (p. 47)*

Affidabile, il vecchio era rispettato e ascoltato da tutti. La sua conoscenza dettagliata della foresta e delle popolazioni primitive gli permise persino di contraddire il sindaco, con il quale non andava d'accordo. Gli uomini trovati morti non erano stati uccisi da uno Shuar, ma da una femmina di ocelot, che egli riuscì a rintracciare e uccidere. Bolívar era un cacciatore leale, qualità che aveva ereditato dagli indios: si sentì degradato e profondamente addolorato una volta abbattuta la bestia. Sapeva che il felino aveva ucciso tutti quegli uomini solo perché uno di loro aveva ferito il suo compagno e preso i suoi cuccioli.

NUSHIÑO

Nushiño era un indiano che diventò il migliore amico di Bolívar. Come lui, veniva da lontano. Arrivò a casa degli Shuar privo di sensi, ferito da una pallottola alla schiena in seguito alla spedizione militare peruviana e venne curato da loro. Un uomo forte che "ha sfidato i delfini del fiume in una nuotata" (p. 46), era anche una persona misericordiosa e allegra.

Un giorno, degli avventurieri stranieri gli spararono addosso prima di sparire: lui agonizzò e morì. Il vecchio lo vendicherà, provocando il suo allontanamento dal popolo Shuar per non aver rispettato le loro usanze. Così, dopo la morte dell'amico, la vita di Bolívar cambiò radicalmente: tutto ciò che rimase della sua esistenza collettiva erano i ricordi che conservava nella sua mente mentre fu costretto a imparare a vivere da solo.

RUBICONDO LOACHAMÍN

"Figlio illegittimo di un emigrante iberico" (p. 12), Rubicondo Loachamín era un dentista che due volte all'anno si recava a

El Idilio con i marinai de *Le Sucre*. Una volta arrivato, si sistemò sulla banchina del porto per curare i denti degli abitanti, che attendevano con impazienza il suo arrivo. A forza di imprecare, questo medico anestetizzò verbalmente i suoi pazienti che si lamentarono del dolore: "Stai fermo, dannazione! Tieni giù le mani da me! So che fa male. Ma di chi è la colpa, eh? Io? No: il governo" (p. 11-12). Da giovane era un volitivo contestatore e anarchico e odiava gli stranieri e tutte le forme di autorità.

Quando arrivò, discusse del passato con l'amico Bolívar sorseggiando vino. Ha un ruolo fondamentale nella storia, in quanto è il principale fornitore di romanzi del vecchio.

IL SINDACO

Il sindaco è "l'unica autorità ufficiale [e] suprema" a El Idilio (p. 21). Quest'uomo obeso che sudava in continuazione, una caratteristica fisica che gli valse il soprannome di Slug, era approdato in paese perché era dietro a un'appropriazione indebita in una grande città di montagna. Avido di denaro, aveva l'abitudine di tassare gli abitanti. Come egoista che approfittava della sua posizione, era odiato e disprezzato dal popolo.

Poiché era convinto che la moglie nativa lo stesse stregando, il sindaco la picchiava. Se non beveva frontera e aguardiente come molti a El Idilio, era perché era convinto che queste bevande alcoliche fossero la fonte dei suoi incubi. Era un personaggio che viveva "tra fantasmi e follie" (p. 22). Era un amante della birra e ne aveva una propria scorta. Beveva molto, ma lentamente, perché sapeva che "una volta esaurita

la scorta, la realtà [sarebbe diventata] ancora più disperata"
(p. 21).

OCELOT

Pur non essendo persone fisiche, le forze della natura svolgono un ruolo importante nell'opera di Sepúlveda, tanto da poter essere considerate personaggi a sé stanti. Il ruolo dell'ocelot, naturalmente, è cruciale per la storia: se all'inizio è vista come un nemico sanguinario capace di uccidere a sangue freddo, gradualmente la scopriamo in tutta la sua fragilità e arriviamo persino ad attribuirle emozioni umane, in particolare quando mostra a Bolívar il suo compagno morente per alleviare le sue sofferenze: "Non poteva vedere la femmina, ma la indovinava sopra di lui, nascosta, scossa da singhiozzi quasi umani. " (p. 124)

Inoltre, questa femmina di ocelot rappresenta la foresta amazzonica nel suo complesso, un organismo vivente in lotta, che può dare molto se si sa come farlo, ma che può anche difendersi quando viene attaccata.

CHIAVI DI LETTURA

LA MAGIA DEL REALISMO

La letteratura latinoamericana di oggi è nota soprattutto per gli autori che scrivono nel filone del realismo magico, di cui Gabriel García Márquez, l'autore di *"Cent'anni di solitudine"*, è uno dei più importanti rappresentanti. Sono romanzi in cui l'ambientazione è descritta in modo realistico, ma in cui gli elementi meravigliosi si intrecciano con naturalezza al quotidiano. Si oppone sia al realismo puro, che rifiuta ogni implausibilità, sia alla fantasia. Le opere di quest'ultimo genere includono effettivamente elementi insoliti, ma questi disturbano il corso della storia scontrandosi con la pura realtà, a differenza del realismo magico, che li inserisce nel flusso della storia. Sebbene questo genere sia sempre esistito nella storia delle arti, è stato negli anni '60 e '70 che è diventato popolare ed emblematico della letteratura latinoamericana contemporanea, anche se si può trovare in altre letterature.

Una delle ragioni presentate per giustificare la popolarità di questo genere in America Latina è la meraviglia dei coloni europei quando scoprirono il Nuovo Mondo, che "sembrava sfidare le categorie concettuali preesistenti e modificava in modo significativo le rappresentazioni che gli abitanti del Vecchio Continente avevano dell'universo" (LE BEL P.-M. e TAVARES D., "La représentation de l'Amérique du Sud dans l'œuvre de Louis Sepúlveda: des tensions intratextuelles à la réception populaire", in *Cahiers de géographie du Québec*, vol. 52, p. 492).

È, quindi, interessante che Sepúlveda abbia scelto di scrivere un romanzo realistico. Egli spiega questa scelta proprio con il fatto che la natura è già di per sé misteriosa e meravigliosa; gli sembrava, quindi, importante descriverla nel modo più realistico possibile (Lefort M., "*Une viejo que leia novelas de amor*, de Luis Sepulveda: après le "réalisme magique, la "magie de la réalité"", in *América Cahiers du CRICCAL*, n° 25, 2000, p. 148).

Concretamente, questa idea si riflette nelle descrizioni dei paesaggi e dei costumi amazzonici che riflettono la realtà locale, ma che, per gli abitanti delle città o per i lettori stranieri, sono sufficientemente insoliti e lontani dalla vita quotidiana da sembrare magici. Nel primo capitolo, ad esempio, l'autore descrive realisticamente una seduta dal dentista di Loachamín, durante la quale, vicino a *La Sucre*, passa un indio in barca. Questo sembra sorprendente per il lettore, anche se si tratta di un evento molto comune. In Amazzonia, modernità e tradizione coesistono davvero.

Allo stesso modo, la femmina di gattopardo è un esempio di figura che, pur essendo rappresentata in modo assolutamente realistico, può essere percepita come misteriosa. Sebbene agisca in modo plausibile, intriga giocando a nascondino con Bolívar, che perseguita e ossessiona come uno spirito della foresta. Incarna le forze potenti e segrete della natura e, allo stesso tempo, ha una certa fragilità che la rende accattivante. Sebbene non sia specificato nella storia, gli animali sono simboli importanti nelle tradizioni spirituali dei nativi americani, soprattutto nelle pratiche sciamaniche. In alcuni di essi, gli stregoni assumono sostanze allucinogene e vanno a incontrare gli spiriti che appaiono loro in visione, di solito sotto forma di animali selvatici. Questi ultimi sono come dei saggi, delle guide che vengono consultate in tempi di grandi cambiamenti, o semplicemente per riti di guarigione e divinazione. Nell'America precolombiana i felini avevano una grande importanza mitologica. I migliori elementi dell'esercito azteco, ad esempio, erano riuniti in coorti di "guerrieri giaguaro" o "ocelot", in lingua nahuatl. La femmina di gattopardo ha, quindi, anche una forte connotazione culturale e spirituale senza dover essere descritta come strana.

LA LETTURA COME MEZZO DI EMANCIPAZIONE

Già dal titolo si può immaginare che i libri avranno un ruolo importante nel corso della storia. In effetti, l'anziano è un avido lettore, soprattutto di romanzi rosa. Nella solitudine di El Idilio, scopre con sorpresa di saper leggere, ma senza avere nulla per soddisfare la sua curiosità. A poco a poco, comincia a cercare qualcosa da leggere: dopo aver spulciato i giornali poco interessanti prestati dal sindaco, legge con piacere un libro su San Francesco d'Assisi (1182-1226) preso in prestito dal parroco. Fu presentato all'insegnante del villaggio, l'unico con una biblioteca, che consultò per cinque mesi. Fu lì che scoprì il suo gusto per i romanzi d'amore, con *"Il rosario"* di Florence L. Barclay (scrittore inglese, 1862-1921).

Se all'inizio l'anziano legge per alleviare la sua noia, la sua solitudine e la sua tristezza, questa attività diventa presto un mezzo per placare la sua sete di conoscenza e aprire i suoi orizzonti. La sua lettura non era passiva: era un mezzo di apprendimento e soprattutto di emancipazione. Bolívar non capisce tutte le parole, non ha tutti i codici, ma ne deduce il significato in base al contesto. Forse non è molto istruito, ma non esita a usare la sua immaginazione per farsi un'idea di luoghi sconosciuti come Venezia, per esempio. Non ha sperimentato tutto, ma confronta la propria esperienza di vita con ciò che legge, come quando confronta il bacio degli amanti nella sua lettura con quello che potrebbe aver vissuto in precedenza con sua moglie, Dolores.

L'atto di lettura celebrato nel romanzo non è solitario: nel capitolo VIII, i compagni chiedono al vecchio di leggere il suo libro ad alta voce. Se le reazioni sono all'inizio condivise, a volte becere, la lettura diventa presto un momento di condivisione tra i protagonisti che cercano di capire insieme la storia e discutono le loro idee. L'emancipazione diventa così collettiva: la lettura ad alta voce apre uno spazio di parola, di scambio e di apprendimento condiviso.

La lettura ha, quindi, un duplice ruolo: permette al vecchio di sfuggire alla deludente realtà della sua solitudine e alla crudeltà degli uomini e, essendo una fonte continua di apprendimento e di domande, apre nuove prospettive sia al vecchio che ai suoi compagni. L'immaginazione attraverso la lettura diventa così un potere reale e acquisisce un significato politico.

AMORE E MORTE

Uno dei temi principali trattati nel libro è anche l'amore, in diverse dimensioni e il più delle volte in relazione alla morte.

Questo è l'argomento principale delle letture di Bolívar e, quindi, una fonte inesauribile di domande e dibattiti. Il personaggio ama dire ai suoi compagni che i libri che legge non sono storie ingenue, ma "d'amore, quello vero, quello che fa male" (p. 106), come quello che lo lega, forse, alla moglie, tragicamente scomparsa senza che la coppia abbia avuto figli.

Anche la solitudine derivante dalla perdita di una persona cara è un tema importante ed è, forse, questa l'emozione che lega maggiormente il vecchio alla femmina di gattopardo. Anche lei ha perso i suoi cari e vaga, sola con il suo dolore. Forse per questo Bolívar mostrerà amore, rispetto e compassione alla coppia di gattopardi, uccidendo il maschio per risparmiargli la sofferenza di una lenta agonia: li capisce. I due personaggi si uniscono nella loro mancanza e solitudine.

Accanto all'amore per la letteratura, c'è anche quello per la foresta e per il popolo Shuar, messo in pericolo dalla colonizzazione. È soprattutto attraverso le descrizioni colorate e varie della natura lussureggiante e dell'abbondante fauna selvatica che l'autore trasmette la sua passione. Questo amore per la natura comprende anche il riconoscimento del suo potere di morte: la foresta è pericolosa e gli stranieri ne pagheranno il prezzo.

Va aggiunto che il rapporto con la morte dei popoli Shuar, come descritto da Sepúlveda, è intriso di sacralità e può essere interpretato anche come una forma di amore: si uccide solo in modo rispettoso, pena il bando dalla comunità. Questo fu il destino di Bolívar dopo aver ucciso l'assassino del suo amico con una pistola. Questo è un altro esempio del modo in cui gli indiani si avvicinano alla natura: cercando di vivere con essa in simbiosi, rispettando i suoi cicli di vita e di morte.

DUE CULTURE CONTRASTANTI

Nel romanzo di Sepúlveda vengono presentate due culture molto diverse. Ognuna di esse occupa un posto specifico:

- Nella foresta amazzonica vivono gli indios Shuar, che rappresentano più in generale i popoli primitivi, ma anche la femmina di ocelot, che può essere considerata il simbolo della resistenza all'invasore;

- A El Idilio ci sono i coloni, il sindaco, gli stranieri, i cercatori d'oro e i Jivaro (il nome dato dai conquistatori spagnoli agli indigeni rifiutati dagli Shuar, il loro stesso popolo, perché degradati dai bianchi). Tutti minacciano l'ordine che regna in Amazzonia.

All'incrocio di queste due culture si trova Antonio José Bolívar: è un colonizzatore, ma ha vissuto a lungo con gli indios, dai quali ha ereditato l'amore per la fauna e la flora.

Gli Shuar conoscono a fondo la foresta amazzonica e i suoi molteplici aspetti. Non è il caso dei coloni che, quando iniziano a vivere a El Idilio, mostrano subito la loro incompetenza: alcuni muoiono di febbre, avvelenati da frutti velenosi o ingoiati da un serpente; gli altri lottano contro la pioggia, le zanzare, le bestie, ecc. Gli indiani ebbero pietà di loro e insegnarono loro a cacciare, pescare, costruire capanne solide, raccogliere frutti commestibili e vivere nella foresta in generale. Secondo Bolívar, gli Shuar sono "amichevoli come un branco di uistitì, loquaci come pappagalli ubriachi e ululano come diavoli" (p. 42).

Portatore di due mondi diversi, Bolívar è combattuto perché non è né un vero Shuar né un devastante colonizzatore, anche se nessuna delle due culture ha segreti per lui. È perché conosce così bene entrambe le civiltà che l'anziano è profondamente rispettoso. Tuttavia, il destino vuole che, contro la sua volontà, egli danneggi la sua integrità diventando il cacciatore ingiusto che non è mai stato. Senza volerlo, è costretto a uccidere il gattopardo, che si è vendicato dei suoi aguzzini. Quando lo fa, i suoi occhi sono "annebbiati dalle lacrime" e "getta via con rabbia il fucile […] senza gloria" (p. 130).

UN ROMANZO ECOLOGICO

Quando è stato pubblicato, il romanzo è stato spesso descritto come un romanzo ecologico o un romanzo impegnato. Tuttavia, in un'intervista rilasciata a *Passion Bouquin*, Sepúlveda ammette di non amare il concetto di "scrittore impegnato", perché per lui l'impegno è soprattutto una questione di cittadinanza. Prigioniero politico in Cile, Sepúlveda ha sempre sostenuto cause politiche e in particolare l'ecologia. Attivista di Greenpeace, è stato uno dei firmatari di un articolo intitolato "Grupo de los Cien" ("Gruppo dei Cento"), firmato da un gran numero di scrittori latinoamericani, che chiedeva ai governi di proteggere la foresta amazzonica. E sebbene *Il vecchio che leggeva romanzi d'amore* non sia stato scritto come un lungo pamphlet politico, è comunque dedicato a due figure della protezione della foresta amazzonica: Chico Mendès (difensore dell'Amazzonia ed ecologista,

1944-1988) e Miguel Tzenke (sindacalista Shuar, difensore della foresta). Allo stesso modo, l'eroe della storia si chiama Bolívar in onore dell'omonimo politico venezuelano, simbolo dell'emancipazione dei popoli dell'America Latina.

Il tema dell'ecologia è presente in tutto il romanzo: anche se l'obiettivo del protagonista è quello di inseguire l'ocelot, l'autore coglie l'occasione per descrivere la vita nella foresta amazzonica e il rapporto ambivalente che gli esseri umani hanno con essa. Alcuni personaggi, come il sindaco o gli stranieri americani, la disprezzano, la sfruttano e la colonizzano all'eccesso portando sempre più macchine. Gli indiani, invece, hanno dovuto sviluppare tecniche che rispettano la foresta per potervi vivere. Alla fine, il rapporto tra gli uomini e l'ocelot cristallizza l'intero problema dell'ecologia: come possiamo provvedere ai nostri bisogni, essere sicuri ed emanciparci rispettando la natura? Purtroppo, l'eroe non trova una risposta soddisfacente a questa domanda. Con grande tristezza finisce per uccidere l'animale, la cui morte è la conseguenza della stupidità umana.

UN ROMANZO DI SUCCESSO

Il romanzo di Sepúlveda ebbe un successo commerciale immediato e duraturo. Spesso viene utilizzato come lettura scolastica. È stato anche tradotto in diverse lingue e trasformato in un film, diretto dall'australiano Rolf De Heer, che ebbe molto meno successo del romanzo. È stato lo stesso scrittore ad adattare la sceneggiatura: in un'intervista ha sottolineato la difficoltà di questa operazione. In effetti, la cronologia frammentata della storia richiedeva numerosi flashback e non era adatta alle riprese. Nonostante questa difficoltà narrativa, comprendiamo l'interesse di un adattamento cinematografico del libro. In effetti, la scrittura di Sepúlveda è chiara e dà una visione fedele dei paesaggi e degli animali. Le sue descrizioni realistiche e vivide sono di per sé decisamente cinematografiche. Inoltre, l'inseguimento della femmina di gattopardo è un arco narrativo intrigante ed efficace. Infine, i personaggi colorati (come il sindaco o il dentista), talvolta descritti in modo umoristico nel romanzo, sono generalmente molto apprezzati dagli appassionati di cinema. Tuttavia, l'adattamento non riuscì a raggiungere il grande pubblico, nonostante la presenza di attori come Richard Dreyfus (*Lo Squalo*) e Hugo Weaving (*Matrix*, *Il Signore degli Anelli*).

I critici concordano sulla chiarezza e sulla forza della scrittura dell'autore cileno e sul piacere che deriva dalla lettura de "Il vecchio che leggeva romanzi d'amore", un romanzo d'avventura che si legge come una favola ecologica.

SPUNTI DI RIFLESSIONE

ALCUNE DOMANDE PER UN'ULTERIORE RIFLESSIONE...

- Nel romanzo sono rappresentate due forme di lettura. Quali e quali sono le loro caratteristiche?

- Perché possiamo dire che Bolívar si trova all'incrocio di due culture?

- Questo romanzo rappresenta due mondi completamente diversi: quello dei coloni e quello degli indigeni. Attraverso quali personaggi sono rappresentati? Come vengono rappresentati questi due mondi? Pensate che l'autore sia critico nei confronti dell'uno o dell'altro?

- Perché questo libro è un "romanzo ecologico"?

- È un romanzo politico? Quali sono, secondo voi, le convinzioni politiche dell'autore?

- A cosa servono i due autografi?

- Perché, secondo voi, Sepúlveda ha optato per una narrazione che non segue l'ordine cronologico?

- Due verbi compaiono frequentemente: "capire" e "imparare". Credete che siano chiavi di lettura della storia?

- Confrontate il romanzo con la sua trasposizione cinematografica. L'adattamento cinematografico sembra fedele al testo?

- Qual è il posto di Sepúlveda nella storia della letteratura latinoamericana? In che modo il suo stile è simile o diverso da quello degli scrittori del suo tempo?

PER APPROFONDIRE

EDIZIONE DI RIFERIMENTO

Sepúlveda L., *Il vecchio che leggeva romanzi d'amore*, Parigi, Métailié, 1992.

LETTURE A CONFRONTO

Le Bel J.-M. e Tavares D., "La représentation de l'Amérique du Sud dans l'œuvre de Louis Sepúlveda : des tensions intratextuelles à la réception populaire", in *Cahiers de géographie du Québec*, vol. 52, p. 489-506.

Lefort Michèle, "*Une viejo que leia novelas de amor*, de Luis Sepúlveda: après le réalisme magique, la "magie de la réalité"", in *América Cahiers du CRICCAL*, n° 25, 2000, p. 143-149.

"Incontro con Sepúlveda", in *Passion-Bouquin.com – Le magazine littéraire*, n. 2, 2012, pp. 7-10.

ADATTAMENTO

Il vecchio che leggeva romanzi d'amore, film di Rolf de Heer, con Richard Dreyfus, Hugo Weaving e Timothy Spall, Australia, 2001.

Vogliamo sapere da voi!
Lasciate un commento sulla vostra biblioteca online
e condividete i vostri libri preferiti sui social media!

Perché scegliere Must Read?

Scoprite tutto quello che c'è da sapere su
un libro, con i nostri riassunti e le nostre
analisi concise e approfondite!

**Scoprite il meglio della letteratura
sotto una luce completamente nuova!**

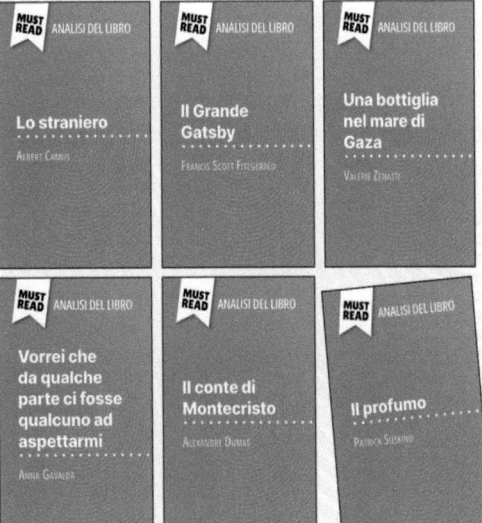

MUST READ ANALISI DEL LIBRO

Lo straniero

ALBERT CAMUS

MUST READ ANALISI DEL LIBRO

**Il Grande
Gatsby**

FRANCIS SCOTT FITZGERALD

MUST READ ANALISI DEL LIBRO

**Una bottiglia
nel mare di
Gaza**

VALÉRIE ZENATTI

MUST READ ANALISI DEL LIBRO

**Vorrei che
da qualche
parte ci fosse
qualcuno ad
aspettarmi**

ANNA GAVALDA

MUST READ ANALISI DEL LIBRO

**Il conte di
Montecristo**

ALEXANDRE DUMAS

MUST READ ANALISI DEL LIBRO

Il profumo

PATRICK SÜSKIND

www.50minutes.com

www.50minutes.com

Master ISBN: 9782808690263
ISBN cartaceo: 9782808611664
Deposito legale: D/2023/12603/1446

Copertura: © Primento

Concezione digitale a cura di Primento, il partner digitale degli editori.